FRAUKE TESCHLER

WIE VIELE LEBEN HAT EIN MENSCH?

Eine Reise in die wunderbare Welt der Inkarnationen

Frauke & Wilfried Teschler GbR
Wilhelmshofallee 77
47800 Krefeld
Fon: +49 2151 9490009
mail@teschler.info

ISBN: 978-3-939578-57-4

Umschlag: den-belitsky - Landscape with Milky Way

INHALT

WIE VIELE LEBEN HAT EIN MENSCH?

Die Katze hat sieben Leben, von Che Guevara behauptet man es auch, doch wie steht es mit uns? Leben wir einmal oder kommen wir wieder und beginnen das irdische Dasein immer wieder von neuem?
Diese Menschheitsfrage bewegt viele Gemüter und will zu Recht beantwortet werden. Mit der Beantwortung der Frage entführe ich Sie in die wunderbare und geheimnisvolle Welt der vielen Leben und Existenzen, mit denen wir es in der Reinkarnationstherapie zu tun haben.
Ich werde dem Thema mit dem Blick und mit den Erfahrungen von 40 Jahren Reinkarnationstherapie / Inkarnationsarbeit nachgehen und die Auseinandersetzung mit Reinkarnation um ganz unbekannte Existenzformen erweitern, auf die wir in Rückführungen gestoßen sind. Es gibt weit mehr zu entdecken als allein die „menschlichen" vergangenen Leben.

Ich kann etwas zu dieser Frage sagen, da wir (das sind mein Mann Wilfried, auf den unsere Inkarnationsarbeit zurückgeht, alle diejenigen, die sich mit unserer Anleitung an das Erinnern und Erspüren von Inkarnationen herangemacht haben und ich) in den letzten Jahrzehnten die wohl umfassendste und gründlichste Auseinandersetzung mit Reinkarnation praktiziert haben, die derzeit existiert.
Für jene, die es wollen, bietet sie die Möglichkeit, sich mit allen Inkarnationen, mit allen Anhaftungen an vergangene

Menschenleben und Existenzen, die in uns vorhanden sind, auseinanderzusetzen, sie zu erinnern, zu erfahren und sich von den unliebsamen Spuren, die sie in unserem heutigen Leben hinterlassen, zu lösen. So können wir Auskunft darüber geben, wie viele Leben ein Mensch hat.
Doch halt! An dieser Stelle sind wir bei einer Schwierigkeit angelangt, die die Auseinandersetzung mit (Re)Inkarnationen mit sich bringt.
Sie kommt in der Frage auf den Punkt: „Sind die Erinnerungen an vergangene Leben ein Beweis dafür, dass es tatsächlich Wiedergeburt gibt?"

Unsere Antwort, die auf tausenden Erfahrungen mit solchen Erinnerungen beruht, ist:
Der Versuch, Reinkarnation als eine Tatsache zu beweisen ist müßig. Vergangene Leben können erinnert werden, diese Erinnerung ist immer subjektiv. Sie kann als ein Indiz für die Tatsache der Reinkarnation genommen werden, sie kann Einzelnen als Material für ihre Überzeugung dienen, aber eindeutig beweisen lässt sich Reinkarnation damit nicht.
Um die Wichtigkeit des Themas hervorzuheben, muss Reinkarnation nicht bewiesen sein.
Löst man sich von der alles überschattenden Frage: Gibt es Reinkarnation oder nicht...?, bekommt die Auseinandersetzung eine ganz neue Qualität und kann sich Dingen zuwenden, die für das heutige Leben eines Menschen von elementarer Bedeutung sind.
Denn: Wie wir es drehen und wenden, definitiv sagbar über Reinkarnation ist, dass der Mensch auf jeden Fall einmal lebt, und diese eine Mal ist JETZT.

Definitiv sagbar ist auch, dass Menschen Erinnerungen und Anbindungen an vergangene Leben in sich tragen, und zwar viele, sehr viele, mehr als man im Allgemeinen annimmt. Inkarnationserinnerungen kommen sowohl aus unserer biologischen Tradition, das heißt, aus Evolution und Erbgut, und gleichzeitig – das ist in der Reinkarnationstherapie der Schwerpunkt - aus vergangenen Menschenleben.

Definitiv sagbar und erfahrbar ist auch, dass die Ereignisse aus vergangenen Leben und Existenzen Muster hinterlassen, die gravierende Auswirkungen auf das heutige Leben haben, und das ist unabhängig davon, ob sie bewusst sind oder nicht.

Aus unserer Sicht, das ist die Sicht der Körpertherapie, tritt eine andere Frage in den Mittelpunkt des Interesses:
„Wie viele Inkarnationen / Leben prägen den Menschen?".
Wir richten damit den Fokus auf das jetzige Leben, das einzige Leben im Übrigen, in dem ein Mensch gerade etwas TUN kann, frei werden, zu sich kommen, ein starkes, erfülltes Leben führen, Probleme und Belastungen aus der Welt schaffen und vieles mehr.

Bleibt die Auseinandersetzung mit Inkarnationen nicht dabei stehen, einzelne Inkarnationen fragmentarisch zu erinnern und damit beweisen zu wollen, dass es Reinkarnation gibt, kann sie Fahrt aufnehmen und zu einer großen Hilfestellung in der Selbstfindung, der menschlichen Entwicklung und Verbesserung der Lebensqualität werden.

(Ganz nebenbei geschieht dabei meist etwas Wunderbares, man bekommt Sicherheit und einen eigenen, erlebten Standpunkt zum Thema Reinkarnation.)

In uns sind eine Menge Anbindungen an Ereignisse aus vergangenen Leben aktiv. Sie beeinflussen unser Handeln, unsere Lebenseinstellungen, unsere Emotionen, und in den allermeisten Fällen wissen wir nicht einmal etwas davon. Mit der Zeit stellt man fest, dass diese Anbindungen an Inkarnationen hier und heute das Wichtige und Relevante in der Auseinandersetzung mit Reinkarnation sind!

Ich habe vor kurzem mit einem Mann gearbeitet, der Hals über Kopf die Zelte in seiner Heimat abgebrochen hatte und aus einem inneren Impuls, von dem er nicht wusste, woher er kam, nach Den Haag gezogen war. Es ging ihm gut in seiner neuen Umgebung, er hatte bereits Freunde, einen Job, aber er wusste einfach nicht, warum er in Den Haag war. Das quälte ihn. In der Rückführung stellte sich heraus, dass er eine Inkarnation in Den Haag hatte. Er erinnerte ein Leben, in dem er sich sehr glücklich fühlte, eine Familie gründete und rundum zufrieden war. Gut. Er war erleichtert, denn er hatte den Grund gefunden, warum es ihn ohne Not in diese Stadt gezogen hatte... Doch was fing er nun damit an? Was sollte er jetzt dort? Sein Leben war heute doch ein ganz anderes...

Das ist das Prinzip unerkannter Inkarnationsanbindungen. Ohne sie bewusst zu haben, können wir sie nicht steuern. Sie bringen uns zu (irrationalen) Aktionen und lassen den Men-

schen, der über sein Handeln nachdenkt, oft ratlos zurück. Darum geht es in der Reinkarnationstherapie! Um die Frage, wie Mensch frei werden kann von Mustern vergangener Existenzen, die im heutigen Leben hinderlich sind.
Inkarnationen provozieren heute Erlebens- und Verhaltensweisen, die in Ereignissen aus früheren Leben verankert sind.

Natürlich werde ich die Frage: Wie viele Leben hat ein Mensch? konkret beantworten. Es wird eine sehr interessante Antwort sein, sie bringt uns mitten in die Entwicklung des Menschen, den Sinn von Inkarnationen und in das Rad der Wiedergeburt.

Zu Beginn gebe ich Ihnen einen Überblick, mit wie vielen Inkarnationen wir zu tun haben. Ich stelle Ihnen alle in unserer langjährigen Reinkarnationstherapiepraxis aufgespürten und erlebten Inkarnationen vor. Die Übersicht ist eine Reise durch die Stationen der menschlichen Entwicklung, sowohl was das Biologische betrifft als auch die Entwicklung jedes Einzelnen.

In jedem von uns sind Inkarnationen aus drei verschiedenen Entwicklungslinien vorhanden und abrufbar. Da ist zum einen die Linie unserer menschlichen Evolution, die wohl mit dem Urknall angefangen hat und in der prinzipiellen Form des menschlichen Körpers ihren bisherigen Endpunkt findet. Dann ist da die Linie unserer derzeitigen familiären Vorfahren, die sogenannte Erblinie, die epigenetische oder auch erbliche Inkarnationen mit sich bringt (lesen Sie hierzu un-

ser Buch: Epigenetik trifft jeden - geerbte Probleme lösen). Und als drittes haben wir Inkarnationen, die aus der individuellen Entwicklungslinie, aus den sogenannten Vorleben, eines Menschen stammen.
Jede dieser Linien hat Spuren hinterlassen. Jede dieser Linien ist für das heutige Leben wichtig.

WAS IST EINE INKARNATION?

Wie Sie vielleicht schon bemerkt haben, benutzen wir in unserer Arbeit häufig den Begriff Inkarnation und sprechen selten von Reinkarnation. Das Wort Inkarnation kommt aus dem Lateinischen und leitet sich von „in Carne" ab, was so viel wie „im Fleisch" sein bedeutet. Es deutet einerseits auf eine körperliche Existenz hin, denn jeder Mensch, der auf der Welt ist, hat eine materielle Form angenommen. Es weist auch darauf hin, dass es wahrscheinlich noch etwas anderes, die geistig energetische Form eines Menschen gibt.

Wir fassen den Begriff Inkarnation noch weiter. Wir bezeichnen mit ihm Informationen aus vergangenen Menschenleben und vormenschlichen Existenzformen, die heute „in carne", im Fleisch als energetische Information wahrnehmbar sind. Der Begriff Inkarnation legt den Schwerpunkt der Betrachtung auf das „Jetzt", auf die Informationen und energetischen Muster, die jetzt in uns aktiv sind.
Inkarnationen sind jetzt, sie sind nicht vergangen, das macht sie heute für uns wichtig. Sie sind heute wirksam, auch wenn ihr Ursprung, ihre Referenz in längst vergangenen Tagen erinnert wird und zu sein scheint.

DIE WELT DER INKARNATIONEN VOM ANBEGINN BIS JETZT

Im Allgemeinen meint man, wenn man von Inkarnation / Reinkarnation spricht, sogenannte „eigene", persönliche Leben in menschlicher Gestalt. Das ist üblich. Wer sich jedoch wie wir intensiv mit der Thematik befasst, kommt auf einen weit umfassenderen Fundus an Inkarnationen.

Das folgende Bild zeigt eine Übersicht über alle Inkarnationsformen, die in der körperorientierten Reinkarnationstherapie aufzuspüren sind.

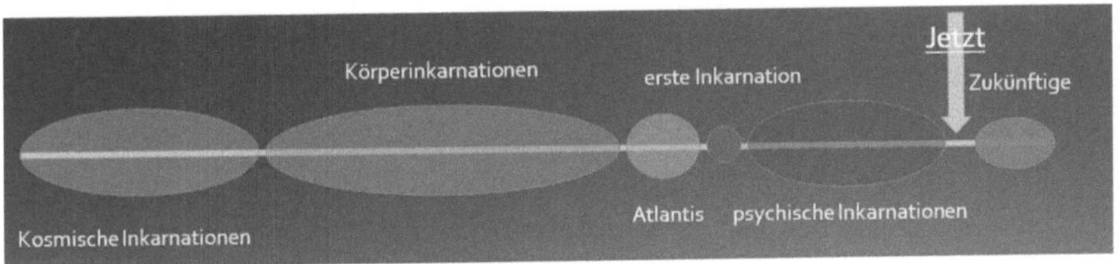

Inkarnationen vom Anbeginn bis jetzt

Sie reichen bis zum Anfang allen Seins und bis, ja, Sie lesen richtig! in die Zukunft.

Denn in uns – und das mag für all jene, die keine Erfahrung mit Inkarnationsarbeit haben, eigenartig klingen – befinden sich „Abdrücke" unserer gesamten Evolutions- und Entwicklungsgeschichte. Hinzu kommen bereits ablesbare Muster und Prinzipien, die auf zukünftige Leben oder, wenn man möchte, ein Leben nach dem Tod hindeuten.

Fangen wir ganz vorne an, noch vor Adam und Eva, vor dem Urknall, da, wo das Sein seinen Anfang hat und in die Existenz kam. (Mit entsprechender Sensibilität und meditativer Entspannung kann man bis zum Existenzbeginn zurückerinnern.)

DIE KOSMISCHEN INKARNATIONEN

Geht man ganz weit zurück (ich benutze bewusst diese Terminologie der Rückführungen, auch wenn sie ein Irrtum ist, denn wir erinnern uns ja nur, und diese Erinnerung ist immer jetzt!), kommt man zum Ursprung.

Dieser Ursprung ist ein Nichts, an welches man weder mit Worten noch Beschreibungen heranlangt, jede Definition ist absurd. Es kann nur erfahren werden.
Aus dem Nichts entwickelt sich „Etwas". Dieses Etwas kann als Bewusstsein, der Anfang, „Es" oder auch „Alles" erlebt werden. Dieses „Etwas" differenziert sich im Folgenden und wird zu den Urgewalten, aus denen das Universum entstanden ist, weiter entsteht und sich entwickelt.
Hier sind Inkarnationen angesiedelt, die wir die Kosmischen Inkarnationen nennen.
Kosmische Inkarnationen haben nichts mit dem Leben auf fremden Planeten zu tun.
Es geht vielmehr um Inkarnationen, sprich heute in uns vorhandene Phänomene, die auf kosmischen Erscheinungen, wie Sternenexplosionen, Gaswolken, Asteroiden, schwarzen Löchern, kurz auf allen universellen Phänomenen beruhen, die der Entwicklung unseres Universums zu Grunde liegen.

Kosmische Inkarnationen sind die prinzipiellen Kräfte, die bei der Entstehung des Universums wirksam waren und es bis heute sind. In diesen Phänomenen und Kräften finden wir die Basis der Entstehung von Materie, der Entstehung allen Seins. Sie stehen somit auch am Anfang unserer körperlichen Existenz.
In ihnen erleben wir „das Aufbauende" an sich, „das Erhaltende" und „das Abbauende", das Helle und das Dunkle, das Konstruktive und das Destruktive, das Entstehen und das Vergehen, das unvorstellbar Massive ebenso wie das unglaublich Feine. Wir spüren die fundamentale Wucht einer Masseansammlung, die durchdringende Leichtigkeit einer Gaswolke oder die unfassbare Weite einer Galaxie.

In der Auseinandersetzung mit diesen Inkarnationen erlebt man die Besetzungen grundsätzlicher Themen und Begrifflichkeiten. Kosmische Inkarnationen wirken hintergründig, auf der Metaebene unseres Verständnisses der Welt.
Das tun sie in den unterschiedlichsten Lebensbereichen, von der Partnerschaft, den sozialen Werten, der Idee über Kommunikation, der Vorstellung von Glück, Fortschritt etc. pp.
Es gibt keinen Bereich, der nicht involviert sein kann. Obwohl es sich dabei um allgemeine Phänomene handelt, ist die Besetzung sehr individuell, in jedem Menschen sind andere Kräfte aktiv und ausschlaggebend. In der Arbeit mit den Kosmischen Inkarnationen kann mensch sich von Irrtümern und vor allem von Anbindungen an ein bestimmtes Verständnis der Themenbereiche lösen. Er wird freier und offener, was die Sicht der Welt betrifft, und ebenso wirkt es auf sein Handeln und Verhalten.

Hier ein Beispiel:
Ich nahm (lang ist es her) als Kosmische Inkarnation eine Materiewolke wahr, deren Teilchen in einem regen Austausch miteinander standen. Sie stießen sich gegenseitig an, gaben den Stoß an das nächste Teilchen weiter, und so geschah ein ständiger Austausch und ständige Bewegung innerhalb dieser Wolke. So weit, so gut. Ich ging hin und spürte nach, in welchem Lebensbereich dieses kosmische Geschehen für mich relevant war und stellte fest, dass sie eng mit meiner Vorstellung von Wahrnehmung, Intelligenz, der Auf- und Weitergabe von Informationen verbunden war.
Ich meinte, Informationen müssten immer an Materie gebunden sein, um überhaupt weitergegeben werden zu können und Wirkung zu zeigen.
Mir entging dadurch alles, was keine stoffliche Grundlage hatte. Ich konnte mir beispielsweise nicht vorstellen, dass auch nicht materielle, energetische Informationen existent und wahrnehmbar sind. Als ich diesen Zusammenhang verstanden und gelöst hatte, verschwand ein Block innerhalb meiner Auffassungsgabe und ich konnte fortan viel besser wahrnehmen.

Und noch ein Beispiel:
Eine Frau erlebte als Kosmische Inkarnation die Konstellation eines Trabanten, der einen Planeten umkreiste. Beide waren in einem unglaublich weiten Raum unterwegs und umkreisten zugleich ein noch größeres Objekt, wahrscheinlich eine Sonne. Die Betrachtung war für die Frau sehr angenehm, ja fast erhaben. Ein Ideal! Die Harmonie zwischen Trabant und Planet berührte sie, die Weite des Raumes ging

ihr zu Herzen und der Bezug beider zu dem noch größeren Himmelskörper machte die Situation perfekt.
Als sie sich mit der Relevanz dieser Inkarnation befasste, stellte sie fest, dass sie konkrete Auswirkungen auf ihre Partnerschaft hat. Ihre Idealvorstellung bestand in einer Partnerschaft, in der es sehr viel Raum und Freiheit gibt und gleichzeitig eine starke, harmonische Bewegung, die einen gemeinsamen Mittelpunkt hat, der größer ist und bedeutender ist als das eigene Sein. Das konnte so etwas wie eine gemeinsame Tätigkeit, die einem höheren, guten Zweck dient, sein. Damit sie in einer Partnerschaft glücklich und zufrieden war, musste diese ganz genau so sein.

Im Grunde ist gegen dieses Ideal nichts einzuwenden. Vor allem dann, wenn es positiv besetzt ist, leidet mensch nur unter ihm, wenn er sein Ideal nicht verwirklichen kann. Doch wie man es auch wendet, so eine Vorstellung ist eine Einschränkung. Die vielen anderen Möglichkeiten und Formen, die eine Partnerschaft annehmen kann, bleiben außen vor und werden als nicht befriedigend erlebt. Löst man sich von so einer Besetzung, werden der eigene Erlebensspielraum und in Folge die Verhaltensweisen freier und vielfältiger.

Welches kosmische Prinzip in welchem Lebensbereich wirksam ist, ist von Mensch zu Mensch verschieden. Eine kosmische Gaswolke kann bei dem einen Auswirkungen in seinem Verständnis von Freiheit haben, bei einem anderen die Idee von Leichtigkeit prägen und bei jemand anderem wiederum in einem ganz andere Bereich Spuren hinterlassen. Vorhersagbar ist es nicht.

Es ist auch nicht klar, was Henne und was Ei ist. Sprich, ob erst der Mensch da ist, der in den kosmischen Prinzipien die Begründung für seine Vorstellungen und Ideale findet oder ob erst die kosmischen Prinzipien waren, die ihre Schatten auf die Vorstellungen eines Menschen werfen. Wie dem auch sei, löst man die Verknüpfung, erweitert sich der Horizont. Der Mensch wird freier, denn jede noch so gute Idee von einer Sache behindert die Wahrnehmung der Realität, den Blick auf sie und den Umgang mit ihr.

Und noch etwas sei gesagt: Wie bei allen anderen Inkarnationen gilt auch hier, dass nur durch eigene Erfahrung die Existenz wirklich verstanden und die befreiende Wirkung von Inkarnationsarbeit nachvollziehbar wird. Die Innensicht und das Erleben machen das handfeste Verstehen erst möglich.

DIE KÖRPERINKARNATIONEN

Es gibt eine weitere Art von Inkarnationen, die unseres Wissens nach in Kreisen, in denen man sich mit Inkarnationen befasst, bisher nicht benannt wurde. In ihr werden wir mit unserer biologischen Entwicklungsgeschichte konfrontiert. Wir nennen sie die Körperinkarnationen.
In den Körperinkarnationen finden wir Elemente unserer irdisch-biologischen Evolution wieder.
Diese Inkarnationen bestehen aus irdischen Mineralien, Gasen, Flüssigkeiten, sie gehen weiter mit Moosen, Pflanzen oder Teilen von ihnen und beinhalten auch die vielen tierischen Existenzen, von Einzellern, über Amöben, Wassertie-

ren, Reptilien, bis zu den Halbaffen, die im Lauf der Evolution unserem Dasein als Mensch vorausgingen.

Im Unterschied zu den Kosmischen Inkarnationen, die sich auf unser Verständnis von Dingen und damit vor allem im Geistigen auswirken, finden wir die Spuren von Körperinkarnationen direkt in der Biologie wieder. Sie beeinflussen (und irritieren) unser körperliches Empfinden und können den Hintergrund für Krankheiten, die uns als psychosomatische Krankheiten erscheinen, bilden.

Wie sieht eine Körperinkarnation aus und welche Folgen hat sie für den heute lebenden Menschen?
Rein äußerlich wird diese Form der Inkarnation nicht sichtbar. Die heutige Biologie ändert nicht ihre Gestalt. Die Inkarnation beeinflusst jedoch das Empfinden, das ein Betroffener von einem Körperteil, einem Körperbereich hat. Man kann sagen, Körperinkarnationen bewirken Irritationen im Empfinden und im Gebrauch der Sinnesfähigkeit der Körperbereiche, in denen sie angesiedelt sind.
Eine Irritation kann das Erleben eines Steins im Bereich des Magens sein. Oder das Empfinden einer Tierpfote, die sich in einem Unterarm breitmacht und das eigentliche „Arm-Empfinden" beeinträchtigt. Ein Gesicht kann von einem Tierkopf beeinflusst werden oder die Verdauung durch Erlebensweisen einer Schlange, die nicht in die heutige Biologie gehören.

Ich erinnere einen Mann, in dessen Nervensystem die Information der Nervenimpulse eines Zitteraals in Teilen seiner Wirbelsäule vorhanden war (bis er diese als Inkarnation erkannte und sich davon lösen konnte) und ihn furchtbar nervös machten. Er befasste sich lange mit dem Phänomen, denn es quälte ihn. Er vermutete in allen möglichen und unmöglichen Dingen, in Ereignissen seiner Kindheit, familiären Belastungen, in seiner aktuellen Arbeitssituation die Ursache für seine Nervosität, kam jedoch nie zu einer Lösung.

Interessant ist auch der Fall einer Frau, die schon lange mit Atemproblemen zu tun hatte. Sie kam nicht zu einer normalen Atmung und damit auch nicht zu einem gesunden Lungenvolumen, was sich auf ihr Wohlbefinden und auf ihre körperliche Leistungsfähigkeit auswirkte. Die Ursache konnten wir in dem Erleben der Körperinkarnation eines großen porösen Steins im Bereich ihrer Lunge festmachen. Dieser Stein lag wie „in der Lunge" und brachte eine Einschränkung der Mobilität des Lungengewebes mit sich. Die Atmung konnte sich nicht organisch im Brustkorb ausbreiten und war dadurch eingeschränkt und ineffektiv. Als diese Inkarnation gelöst war, ging es der Frau zunehmend besser und ihre Leistungsfähigkeit nahm spürbar zu.

Körperinkarnationen werden nicht als solche erkannt.
Wie sollten sie auch, wenn es im Allgemeinen kein Bewusstsein von ihnen gibt. Daher stellen sie immer wieder eine Grundlage von körperlichen Beschwerden dar, für die kein Grund gefunden werden kann. Erkennt man sie und löst die Irritationen aus dem körperlichen Erleben, tritt meist eine sehr schnelle Linderung der Beschwerden ein. Betroffene sind regelmäßig erstaunt und auch sehr dankbar, denn mit so einer Ursache hätten Sie nie gerechnet.

Bezeichnend für Körperinkarnationen ist die Tatsache, dass nur jene Lebensformen in uns vorkommen, die einen Teil unserer Evolutionsreihe darstellen. Unserer Erfahrung nach ist es von Mensch zu Mensch verschieden, wie viele und welche Körperinkarnationen der unendlich vielen evolutionären Ahnen, die unserer heutigen biologischen Form vorausgehen, er in sich trägt. Finden wir aber solche evolutionären Relikte, haben sie in ihrer Form und in ihrer Lage immer einen Bezug zu den körperlichen Bereichen, in denen sie wahrnehmbar sind.
Eine Pfote findet sich beispielsweise in den Extremitäten wieder, das Relikt eines Kopfes im heutigen Gesicht, Verdauungsfunktionen unserer biologischen Vorfahren im Verdauungstrakt, poröses/blasiges in heute porösem/blasigem Gewebe.

Es scheint vollkommen logisch, dass Überbleibsel unserer Vorfahren in uns vorhanden sind. Es stellt sich jedoch die Frage, warum gerade dieses Überbleibsel bei DIESEM Menschen und nicht ein anderes Überbleibsel aus der großen Vielzahl evolutionärer Vorfahren relevant wird. Auch hier können wir nicht sicher sagen, wie es zu diesen Phänomenen kommt.
Wir können nur feststellen, dass es sie gibt und dass das Lösen bei vielen körperlichen Beschwerden sehr hilfreich ist. Stück für Stück wird das eigene körperliche Erleben freien und identifizierter.

Und, taucht man etwas tiefer in die Besonderheiten dieser Inkarnationen ein, ist da noch etwas...

Mensch kommt in die Lage, Existenzformen zu erspüren, zu denen man sicher nie einen Zugang bekommen hätte. Man erschließt sich das Erleben und damit auch das Leben einer Amöbe, man erfährt, wie sich eine Schlange beim Verdauen fühlt oder erlebt den Zustand eines Steins. Das wirkt fremd, das ist ungewöhnlich, alles andere als normal.
Es gibt Menschen, für die es eine Bereicherung darstellt.
Das Lösen ist für jeden eine Befreiung.

DIE ATLANTISCHE INKARNATION

Seit Jahrtausenden (genaugenommen seit Platon) gibt es Mythen und Legenden rund um Atlantis und ihren mysteriösen Untergang.
In der Auseinandersetzung und Erinnerung der Atlantischen Inkarnation hören die Fragen rund um Atlantis auf, so viel kann ich schon mal versprechen. Zumindest für all jene, die das Abenteuer, die Atlantische Inkarnation zu erinnern, konkret wagen.
Lediglich eine Frage konnten wir bisher nicht lösen, die Frage danach, wo Atlantis lag. Denn die Atlanter hatten davon kein Bewusstsein und somit ist in den Erinnerungen kein Wissen darüber vorhanden und es gibt keine Koordinaten, die wir zu Rate ziehen können. Und so wird der Ort Atlantis vielleicht immer ein Rätsel bleiben.

Dass die Atlanter es nicht wussten, wirft schon einen Schatten auf ihre Existenz, waren sie vielleicht doch nicht so umfassend schlau und besonders, wie ihnen in esoterischen Kreisen nachgesagt wird?

Und noch etwas, wir können Atlantis zeitlich nicht einordnen. Diese Inkarnation hat einen absoluten Sonderstatus. Sie ist nicht kosmisch, kein Teil unserer biologischen Evolution und sie gehört auch nicht zu unseren menschlichen Inkarnationen, auch wenn einige Reinkarnationstherapierichtungen sie dort ansiedeln.

Die Atlantische Inkarnation ist etwas jenseits dieser Entwicklung. Wir finden in ihr eine Annäherung an die menschliche Gestalt, aber nicht die körperliche Präsenz, die mit dem Menschsein verbunden ist. Man kann also streiten, ob die Atlantische Inkarnation zu den menschlichen Inkarnationen zählt. Wir ordnen sie nicht hier ein, sondern nennen sie die geistige Inkarnation, denn die Atlanter waren – so die allgemeine Erinnerung - rein geistig-energetischer Natur.

In Rückführungen zur Atlantischen Inkarnation erleben wir Wesen, die in erster Linie feinstofflich / mental strukturiert sind. Sie haben keinen biologischen Körper, auch kein körperliches Erleben und keine körperlichen Bedürfnisse. Auf den Zuständen, die mit dieser geistigen Existenz einhergehen, beruhen die Mythen, die sich um Atlantis ranken.

Atlanter hatten enorme mentale Möglichkeiten. Sie sind damit für viele Menschen, die ständig mit den Mühen ihrer körperlichen Existenz – vom Zähneputzen, bis Kisten schleppen und Nahrung beschaffen - konfrontiert sind, ein wunderbarer Traum.

Atlanter taten alles mit energetisch-geistiger Kraft.

Sie kommunizierten mental, ohne sprechen zu müssen. Sie kontrollierten und dirigierten Arbeitssklaven und Automaten allein per Gedankenkraft. Sie bauten riesengroße Maschinen, ohne einen Finger zu rühren. Sie mussten nicht essen oder anderen körperlichen Bedürfnissen nachgehen, sie alterten nicht, sie starben nicht, da sie durch und durch energetisch / geistig aufgebaut waren.

Das Erleben dieser Inkarnation ist für die meisten Menschen anfangs unglaublich faszinierend, denn die Atlanter scheinen übermenschliche Kräfte gehabt zu haben, die ihnen Dinge ermöglichten, die außerhalb unserer heutigen Kompetenzen sind. Es sieht aus, als hätten sie ein unendliches Leben, nonverbale Kommunikation war üblich, sie vollbrachten technische Meisterleistungen ohne Muskelkraft und hatten eine durch und durch bedürfnislose Existenz. Nein, wir befinden uns nicht in einem Science-Fiction Roman.

Hören wir einfach mal hin, was Leute erzählen, die sich an Atlantis erinnern.
„Ich trage einen Umhang mit einer Kapuze und stehe auf einem Berg, der Umhang ist graubeige. Unten am Berg sind Arbeiter, die etwas aus dem Boden holen. Meine Aufgabe besteht darin, diese Arbeiter energetisch und mit der Kraft meiner Gedanken an ihrem Platz und bei der Arbeit zu halten. Ich fokussiere mich darauf und es geschieht. Mehr brauche ich nicht zu tun. Ich bin voll und ganz auf diese Sache ausgerichtet. Es gibt auch andere von uns. Sie tragen auch Umhänge, manchmal haben diese Umhänge eine andere Farbe. Ich habe nicht wirklich etwas mit ihnen zu tun.

Jeder ist in seiner Aufgabe, Funktion. Kommunikation findet nonverbal und nur in Bezug auf die Aufgaben statt."

„Ich bin wie ein Bindeglied zwischen verschiedenen anderen. Ich fange deren „Gedanken" auf und gebe sie weiter an Stellen, an die sie gehören. Wenn man so will, kann man meine Aufgabe, als die eines Relais verstehen. Ich werte nicht, habe keine Meinung zu den Dingen, sondern tue nur das. Das Ganze kommt mir mechanisch vor. Es dient dem reibungslosen Ablauf von etwas, was? Ich kann es nicht genau sagen... Ich habe keinen Einblick und auch keinen Überblick darüber."

„Ich mache etwas ganz Tolles, ich verschiebe Dinge, Baumaterial aus dem andere etwas fertigen. Ich brauche dafür keine Körperkraft, es geschieht mental. Es ist ein Leichtes für mich, auch große Sachen von einem Ort an einen anderen zu bewegen. Ich weiß immer, was wo gebraucht wird, die Information dazu erhalte ich aus der Luft, sie kommt einfach so, ich muss mich nicht mal anstrengen, um es wahrzunehmen. Ich finde es sehr interessant und es erklärt mir einiges. Z.B. mein Verhalten beim Autofahren. Immer stören mich die anderen Autos und ich habe mich schon oft dabei beobachtet, wie ich meinte, die anderen einfach auf andere Spuren schieben zu können. Dieser Impuls ist immer in mir vorhanden, doch leider funktioniert es heute nicht."

„Ich bin an der Konstruktion einer großen Maschine beteiligt, die am Wasser steht. Viele arbeiten gemeinsam daran. Alles folgt einem Plan, in den wir alle automatisch integriert

sind, ohne dass wir uns austauschen müssen.
Wir funktionieren dabei wie die Räder eines Uhrwerks. Alles greift auf wunderbare Weise ineinander. Faszinierend.
Wir arbeiten mit Hochdruck an dieser Sache."

„Ich komme irgendwann mit anderen Wesen in Berührung, die nicht so sind wie wir. Sie haben keine Umhänge und keine Kapuzen. Ich bin neugierig und begebe mich zu ihnen. Dann ist es so, als könnte ich meine alte Form / Art nicht mehr halten. Ich werde wie sie. Ich esse Blätter und Sand, dann hört meine Erinnerung auf."

Fasst man zusammen, was Menschen aus der Atlantischen Inkarnation erinnern, ergibt sich folgendes Bild:
Diese Kultur mentaler, unsterblich erscheinender Wesen bewohnte eine nicht sehr große Insel, die vom Meer umwogt wurde. Die Bewohner kennzeichneten sich durch das Tragen von Umhängen mit Kapuzen. Durch verschiedene Farben wurde verschiedene Funktionen und Ordnungen untereinander deutlich gemacht. Sie aßen nicht, schliefen nicht, hatten keine körperlichen Bedürfnisse, weil sie nicht körperlich waren. Sie taten mit Gedankenkraft.

Sie waren sowohl große Ingenieure wie auch Wissenschaftler, konnten ihre Umgebung beobachten und berechnen. Die Berechnungen ergaben, dass der Insel eine Überflutung, der sogenannte Untergang von Atlantis, bevorstand.
Ihr ganzes Streben ging darum, dieses Unglück abzuwenden. Man kann sagen, das ganze Streben von Atlantis war von der Angst vor dem Wasser und vor dem Untergang geprägt.

Eine nicht spürbare und doch überall vorhandene geistige Angst war das Motiv ihres Tuns.

Doch sie waren auf ihre Art begrenzt, ihre Ideen und Kräfte reichten nicht aus, um die Überflutung abzuwenden oder sich vor ihr in Sicherheit zu bringen. Später in der Geschichte von Atlantis zeigte es sich: Atlantis wurde von der Großen Welle erfasst und überflutet.
Es gab auf dieser Insel auch körperliche Wesen (diese dienten beispielsweise als Arbeitssklaven). Kamen Atlanter mit ihnen in Berührung, geschah für den Atlanter ein Schwingungsabfall, der dazu führte, selbst dichter in der Materie zu werden. Auch der Kontakt mit Wasser konnte zu diesem Schwingungsabfall führen, was einen Grund dafür darstellte, dass die Atlanter Wasser fürchteten. Der Schwingungsabfall konnte nicht rückgängig gemacht werden. Die betroffenen Personen fielen aus der atlantischen Kultur heraus und standen fortan außen vor. Das kam einer Vernichtung gleich.

Auch die Atlantische Inkarnation ist bis heute in vielen Menschen wirksam. Sie prägt – wen wundert es - unsere geistige Aktivität, da hier die geistigen Kräfte im Mittelpunkt stehen. Schaut man genau hin, stellt man fest, dass das Geistige bis heute von einer kaum wahrnehmbaren Angst geprägt ist. Meist ist diese Angst genau so strukturiert, wie es der atlantischen Funktion entsprach.
Ein Mensch mit der Inkarnation eines atlantischen Aufpassers wird seine geistige Kraft heute vor allem auf das Aufpassen und Erhalten von Dingen ausrichten. Ein Mensch mit einer atlantischen Ingenieursfunktion ist geistig auf das Ent-

wickeln von Maschinen/Lösungen ausgerichtet und so weiter. In allem schwingt die Angst mit, es nicht zu schaffen, zu spät zu kommen und zu versagen.
In unseren schulischen und universitären Wissenschaften finden wir Atlantis wieder. Sie sind bis heute vom Menschlichen / Körperlichen abgehoben, streben nach technischen separierten / ideellen Lösungen und missachten dabei die ureigenen Kräfte, die Menschen haben. Sie realisieren nicht die Ganzheit, bleiben im Geistigen, dem Analytischen verhaftet und sehen nur Teile und Teilfunktionen.
Nichts Neues, was ich hier beschreibe.

Setzt man sich mit der Atlantischen Inkarnation auseinander und löst die Anbindung an sie, ist das eine Wohltat für die mentalen Kräfte.
Denn, so genial die Atlanter auch waren (geht man davon aus, dass die Erinnerung einer tatsächlich stattgefundenen Realität entspricht), so beschränkt auf das technische Überwinden der Bedrohung durch das Wasser (das man durchaus analog zu Gefühlen nehmen kann) war ihr geistiger Horizont. Löst man sich davon, kann neues Denken und Erforschen beginnen.

Auch das Ende von Atlantis kann in Rückführungen gesehen, erlebt und gelöst werden.
Es war individuell verschieden.
Es gab Wesen, die durch einen Schwingungsabfall Körperlichkeit entwickelten und fortan einen Weg jenseits der Atlantischen Gesellschaft gingen, die keine körperlichen Wesen in ihren Reihen duldete.

(Hier finden wir wiederum Aspekte unserer heutigen Wissenschaften wieder, die massiv soziale Desintegration „des Anderen" betreibt – siehe Homöopathie gibt es nicht!)
Und es gab jene, die bis zu ihrem Ende gegen die Atlantische Katastrophe ankämpften und in den Fluten des Meeres untergingen und zerstört wurden. So wird es erlebt.

Nach der Atlantischen Inkarnation gibt es einen zeitlichen Einbruch in der Abfolge der Inkarnationen. Wir können nicht sagen, ob es von hier zu den Menscheninkarnationen eine Verbindung gibt. Die Entwicklung innerhalb von Atlantis, in der ja einige Wesen durchaus einen Schwingungsabfall erlitten oder vollzogen haben und fortan ein körperliches Dasein lebten, legt die Vermutung nahe. Wir reihen die Atlantische Inkarnation daher zwischen die Körperinkarnationen und die menschlichen, denn logisch macht das am meisten Sinn.

DIE ERSTE (MENSCHEN) INKARNATION

In der als Zeit erlebten Abfolge kommen wir nun zu einer der wichtigsten Inkarnationen für alle Menschen, die ein echtes Interesse an sich selbst haben. Wir nennen sie die Erste oder auch die Paradiesische Inkarnation.
Sie ist vor 4000 bis 8000 Jahren in den frühen Hochkulturen unseres Zeitalters angesiedelt, das heißt im alten China, in Mesopotamien / im Zweistromland, Nord / Ostafrika, am Indus, im Reich der Skyten, bei den amerikanischen Indianern und in den afrikanischen Hochkulturen.

Was ist das Besondere an dieser Ersten Inkarnation und warum heißt sie überhaupt die ERSTE, wo ihr doch so viele andere Inkarnationen vorangegangen sind?

Sie heißt so, weil wir sie als die erste in unserer heutigen Form als körperlicher Mensch mit allen vitalen Eigenschaften wie Hunger, Durst, Sprechen, Sexualität, Bewegung, Laufen, auf zwei Beinen stehen etc. erleben.
Die Menschen in der Ersten Inkarnation leben in ihren späteren Lebensjahren wie wir. Sie haben Häuser oder Hütten, größere oder kleinere Dörfer, Partnerschaften, Familie, Gemeinschaften, sie leben in sozialen Bezügen, essen und trinken und gehen Tätigkeiten nach, die für die Gemeinschaft wichtig sind.

Warum heben wir sie hervor und reihen sie nicht in die Vielzahl anderer menschlicher Inkarnationen ein, mit denen wir zu tun haben? Wir tun es nicht, weil die erste Inkarnation Besonderheiten hat, die wir in keiner anderen Menscheninkarnation finden.

Die ERSTE ist eine Inkarnation, in der ein Mensch noch nicht im Bewusstsein seiner Individualität lebt. Er hat kein Bewusstsein seiner selbst, keinen eigenen Sinn und kein eigenes individuelles Streben ausgebildet. Er lebt im Einklang mit seiner Umgebung, mit seinen Lebensbedingungen, mit seiner sozialen Gemeinschaft, mit seiner sozialen Rolle und seiner Stellung in der Gesellschaft. Seine Rolle, Stellung und Tätigkeit sind für ihn selbstverständlich, weder hinterfragt er sie, noch möchte er etwas anderes machen oder sein.

Er erlebt sich nicht als einzeln, nicht als Individuum und nicht getrennt von anderen.
Er ist in und mit allem.

Jetzt mögen spirituell denkende Menschen einwenden, dass dies doch immer so sei und zudem ein Zustand, den man anstreben sollte. Ja, doch es gibt einen grundlegenden Unterschied. Heute kann ein Mensch den Zustand, sich eins mit allem anderen zu fühlen, bewusst erstreben und herstellen. „Damals" war einem Menschen gar nicht bewusst, dass es ihn gibt. Es gab kein Ich, keinen Willen, keine Wahl, keine Entscheidung. Mensch lebte, wie es ihm „gegeben" war.
Er war nicht selbstbestimmt. Was er tat, ergab sich aus seiner sozialen Position und die ergab sich daraus, wofür er sich durch sein Wesen, sein Können und seine Qualitäten eignete. Gerade deshalb ist die erste Inkarnation von unschätzbarer Bedeutung für das heutige Sein. Sie repräsentiert das Wesen eines Menschen mit dessen spezifischen Fähigkeiten, Kompetenzen, Stärken. Aus heutiger Sicht könnte man sagen, es sei ein Paradies voller Harmonie und Eintracht gewesen.

Das Wissen um diese Inkarnation ist enorm wichtig, wenn man herausfinden möchte, was im heutigen Leben wirklich wesentlich ist. Sie räumt mit vielen Unsicherheiten über den eigenen Weg, den richtigen Beruf, die passende soziale Position oder Partnerschaft auf und schafft grundsätzliche Lebensirrtümer aus dem Weg. Ich kann in der Erinnerung Klarheit über meine prinzipiellen Wesensmerkmale bekommen und mich auch in lebenspraktischen Fragen so ausrichten, wie es wirklich zu mir passt. Welche Tätigkeit ist wirklich meine,

sollte ich einen sozialen Beruf ergreifen oder bin ich doch eher ein Kaufmann oder gar ein Wissenschaftler?
Bin ich mehr aktiv oder mehr passiv geladen, bin ich im Kern ein Erde-, Wasser-, Feuer-, Lufttypus?
Die Tätigkeit, die ein Mensch in der ersten Inkarnation ausübt, ist das Grundprinzip dessen, was zu ihm passt und sein Potential repräsentiert. Natürlich können die Tätigkeiten nicht eins zu eins übertragen werden, sie müssen den heutigen Lebensbedingungen angepasst werden.
War ich in der Ersten Inkarnation ein Mensch, der auf der Suche nach neuen Waren, Ideen und Informationen durch die Lande zog, um sie von einem Ort an einen anderen zu bringen, kann ich mich heute daran orientieren und schauen, was ein Äquivalent dazu ist. Sicher muss es jetzt kein Pferdewagen sein, vielleicht passt ein Job im Internet, indem ich Informationen in einer ganz neuen und zeitgemäßen Art und Weise aufbereite und weitergebe.

Hatte ich in meiner Ersten Inkarnation den sozialen Rang eines Anführers, sollte ich heute zusehen, in eine Position zu kommen, in der ich Verantwortung für mich und andere Menschen trage und sie leite, denn das entspricht meinem Wesen.
Mit diesem Wissen kann ich mein jetziges Leben glücklicher, weil mir entsprechend gestalten.
Die Lebensbereiche, über die wir übertragbare Informationen erhalten, sind sehr breit gefächert.
Wir können erfahren, was die ganz persönlichen Stärken und Qualitäten sind, welche Art der Beziehung zu anderen Menschen zu mir gehört (mitten in der Menge, am Rand oder

eher als Einzelgänger), was das „ursprüngliche", originale Geschlecht ist (wobei nicht nur 2 sondern 5 Geschlechter gab, männlich, weiblich, „Zwitter", „eher männlich" und „eher weiblich"), welche Nahrung (mehr Fleisch, mehr Obst, mehr Gemüse, Fisch oder oder) meine ist, die Kleidung, Wohnung die prinzipiell jenseits aller „Moden" zu einem Menschen gehört und so weiter.

Die Erste Inkarnation zu kennen, wird von Rückführungsteilnehmern als angenehm und richtungsweisend für das gesamte Leben erlebt. Mit ihr kann Ruhe und Sicherheit in die innere Ausrichtung und die äußere Lebensgestaltung kommen. Sie gehört zu den wenigen Inkarnationen, von denen es sich nicht zu lösen gilt, sondern die wir verwirklichen und ganz in unser heutiges Leben bringen sollten. Menschen, die das schaffen, haben das Gefühl, endlich bei sich angekommen zu sein.
Ein schönes Gefühl!

Und sie hat eine Besonderheit, die für alle kommenden Menscheninkarnationen von Bedeutung ist: ihr Ende, der sogenannte Herausfall aus der ersten Inkarnation.

DER HERAUSFALL

Jedes Paradies ist endlich, auch das „Paradies" der ersten Inkarnation.
Doch warum ging sie vorbei, und warum haben wir den Kontakt zu unserem Wesen und den Wesensmerkmalen verloren? Das ist eine zentrale Frage in der Inkarnationsarbeit, denn mit dem Ende der ersten Inkarnation, wir nennen es in

Anlehnung an die biblisch/mythische Geschichte vom Paradies auch den Herausfall aus der Inkarnation, sind wir ganz im Menschlichen angekommen.
Manche sagen im Schmerz des Menschseins, andere wiederum stellen die Freude am Leben in den Mittelpunkt. Wir meinen, beide Sichtweisen sind „richtig". Wie dem auch sei, auf jeden Fall sind wir bei dem angekommen, was gemeinhin in der Reinkarnationstherapie betrachtet wird, die Menschenleben.

Schauen wir uns diesen Übergang vom Paradies in „die Welt" genauer an. Der Mensch der Ersten Inkarnation lebt im Einklang mit seiner Umgebung jedoch ohne Ich, ohne Selbstbewusstsein, ohne eigenen Willen, ohne Individualität. Er hat noch nicht erkannt, dass er ein einzelnes, autonomes Wesen ist und eigenen Ideen folgen kann.

Im Herausfall geschieht genau das. Der Mensch wendet sich plötzlich und wie aus heiterem Himmel gegen einen Aspekt seines bisherigen Seins. Er sagt „NEIN" zu einem Tun, das in seinen Aufgabenbereich gehören würde. Er verweigert eine Handlung, die im Rahmen seiner Funktion an der Tagesordnung wäre. Oder er möchte plötzlich mehr als das, was bisher zu ihm und seinem Wesen gehörte: An einen Ort gehen, der außerhalb seines bisherigen Lebensraums und Aufgabenbereichs liegt; etwas tun, was nicht zu seiner Aufgabe passt; eine soziale Rolle einnehmen, die ihm nicht gebührt, etc.

Der Herausfall ist der erste Moment, in dem ein Mensch sich selber spürt und einen eigenen Willen empfindet, auch wenn dieser Wille so gut wie immer von einem ablehnenden / abgrenzenden Gefühl initiiert wird, welches sich gegen eine Tatsache oder Begebenheit des bisherigen Daseins richtet. Der Mensch hat die Erkenntnis, dass alles und vor allem er wirklich ist. Er ist durch den ersten bewussten Akt erkenntnisfähig geworden.

Der Herausfall ist der erste Moment im Prozess der Individualisierung und der Ausbildung von „Interessen“, die außerhalb des bisherigen Kontextes liegen. Der Mensch verliert seine „Unschuld“, sein Einserleben mit allem ist ein für alle Mal vorbei.
Beispiele:
Der Herausfall kann darin bestehen, dass eine Köchin, die bisher für ihren Clan das Essen bereitete, von einer auf die andere Sekunde von Lustlosigkeit (auch die gab es zuvor nie) befallen wird und Topf und Schüsseln stehen lässt oder eigenwillig ein anderes Gewürz als das „richtige“ in die Speise gibt. Das ist der erste Augenblick einer eigenen Kreativität.
Er kann darin bestehen, dass ein Mensch, der für Ordnung in der Gemeinschaft zuständig ist, plötzlich Abneigung gegen die Unordnung empfindet und seine Aufgabe verweigert oder eine andere ihm passende Ordnung herstellt.
Er kann darin bestehen, dass jemand, der Kraft seiner Funktion allein lebt, plötzlich den Gedanken hat: „Ich will nicht allein sein, ich will auch einen Mann / eine Frau und Kinder.“
Das ist das erste eigenständige Wollen.

Der Herausfall ist der erste Gedanke, es ist der Moment, in dem zum ersten Mal ein eigenes Bedürfnis gespürt und einem eigenen Sinn (ja auch Eigensinn!) nachgegangen wird. Es ist ein Nein, und diese Ablehnung des Herkömmlichen ist die Grundlage der Ich-Entwicklung, der Individualisierung. Sie markiert den Beginn der vielen Menscheninkarnationen, in denen ein Individuum bestrebt ist, sich und seinen eigenen, ganz persönlichen Lebenswillen umzusetzen. Durch alle folgenden Inkarnationen zieht sich diese erste Entscheidung wie ein Roter Faden, sie ist der Ursprung des Individuationsprozesses.

Schaut man genau hin, findet man den Herausfall wie eine grundsätzliche „Charakterschwäche“, wie ein Zuviel oder Zuwenig in jeder Inkarnation und in allen entscheidenden Lebenssituationen wieder. Sich von ihm zu lösen ist eine Mammutaufgabe, aber eine sehr, sehr dankbare. Hat man sie hinter sich gebracht, kann man das eigene Leben mit einer durch und durch konstruktiven Prämisse und Haltung gestalten. Hat man den ehemals notwendigen Fehler transformiert, kann man sein Wesen lupenrein leben. Das heutige Leben ist von der Konfliktquelle „Herausfall/Eigensinn“ erlöst.

Mit dem Ende / Herausfall aus der Ersten Inkarnation beendet das „damalige“ Wesen sein All-eins-sein mit der Natur, der Gemeinschaft, dem Universum. Es beginnt seinen Weg als Individuum und damit die Zeit des sich selbst erlebenden und des sich seiner selbst bewussten Wesens.
Mit der Entwicklung des Selbstbewusstseins bekommen wir es auch mit dem zu tun, was für Menschenleben typisch ist: Eigensinn („das soll so sein“ oder „das will ich nicht“),

Unmäßigkeit („das muss ich haben", „mehr davon"), Verweigerung („nein", „so nicht mit mir", „nur über meine Leiche"), Bequemlichkeit („das mach ich nicht", „hab keine Lust"), Eitelkeit („ich hab was anderes verdient", „meine Qualität wird schon noch erkannt").

All dies gab es vorher nicht. Man nennt es in der christlichen Kultur auch die „Todsünden." Hier finden wir die Grundprinzipien dessen, was Menschenleben zu Inkarnationen macht, die uns noch Jahrhunderte später anhängen. Hier ist der Grunde dafür, das eigene Sein nicht zu vollenden, sondern in das sich immer weiterdrehende Rad der Inkarnationen einzusteigen, in dem der Mensch von einem Leben zum nächsten geht, in der Hoffnung, dass bei der nächsten Inkarnation alles anders und besser wird und er alles anders und besser macht.

Aus diesem Rad und dem sich immer wieder aufbauenden Leben kann nur aussteigen, wer den Eigensinn, die Bequemlichkeit, die Eitelkeit, das „Haben-wollen", das Nein etc. überwindet, ganz in ihre/seine Kraft kommt und das eigene Daseinspotential erfüllt.

Das ergibt ein Leben, indem die Wesenszüge und Fähigkeiten der Ersten Inkarnation angenommen und im Jetzt realisiert werden. Der absolute Unterschied zur Ersten Inkarnation besteht darin, dass es aus der Kenntnis heraus: „So bin ich, das ist mein Wesen" selbstbestimmt, in vollem Bewusstsein seiner selbst geschieht.

Um dort anzukommen, ist das Erinnern und Lösen der vergangenen Menscheninkarnationen, die wir auch als Psychische Inkarnation bezeichnen, eine große Hilfestellung. Denn erst im Überblick über den Ablauf aufeinander folgender Inkarnationen kann deutlich werden, nach welchen Mechanismen die ständige Wiederkehr funktioniert.

DIE MENSCHENINKARNATIONEN

Die Menscheninkarnationen gehören zu dem Spannendsten, was die Reinkarnationstherapie zu bieten hat. Denn mit jeder Erinnerung begeben wir uns in eine andere Zeit, in andere Lebensumstände und begegnen einem anderen Menschen von innen.
Gleichzeitig ist jede Erinnerung die Auseinandersetzung mit einer anderen Facette des heutigen Seins, denn diese Inkarnationen haben weitreichende Auswirkungen auf das heutige Leben.
In ihnen finden wir die Bauern und Hexen und Henker und Mönche, Fürsten und Prinzessinnen, die Römer, die Griechen, den Wiener Kutschfahrer, die französische Marktfrau und, und, und wieder und mit ihnen sämtliches Leid und sämtliche Freude, die einem in Inkarnationen, im ganz alltäglichen menschlichen Leben begegnen.
Sie haben meist nichts Außergewöhnliches, es sind die Erinnerungen an das Leben ganz normaler Menschen.

Jede/r der sich für Reinkarnationstherapie interessiert, möchte wissen, welche Menschengestalt er schon einmal angenommen hat, was er im Laufe der Zeit erlebt, geleistet und vielleicht auch erlitten hat. Immer wieder wird auch die Frage gestellt, ob etwas „Berühmtes" dabei war oder besondere Fähigkeiten erkennbar sind. Ich kann schon mal sagen, ja, auch das gibt es.
Natürlich!

Erinnerungen an menschliche Inkarnationen, die wir in Rückführungen aktivieren, reichen bis weit in die vorchristliche Zeit und bis in die Zeit nach der Ersten Inkarnation. Die Zeitspanne der Menscheninkarnationen beginnt dort und endet hier und heute (oder vielleicht auch noch nicht...).

Grundsätzlich gilt, dass bei jedem, mit dem wir in den letzten über 30 Jahren Rückführungen gemacht haben, sämtliche Inkarnationsformen, die ich geschildert habe, auffindbar sind. Von den kosmischen Inkarnationen, über die Körperinkarnationen, die Atlantische, die erste Inkarnation, bis zu den Psychischen Inkarnationen. Die gesamte Spanne wird abgedeckt.

DAS ERLEBNIS RÜCKFÜHRUNG

Was erlebt ein Mensch, der sich unter unserer Anleitung auf den Weg zu einer Inkarnationserinnerung macht?
Viele erwarten Schreckliches!
Spricht man von vergangenen Leben, stehen bis heute traumatische Ereignisse im Mittelpunkt der Betrachtung. Selbst bei renommierten Reinkarnationstherapeuten gilt die Auseinandersetzung in erster Linie als Methode, sich von traumatischen Situationen aus vergangenen Leben zu lösen.

Diese Reduzierung ist sehr schade, unpassend und beengend. Meines Erachtens trägt diese Sicht dazu bei, dass der Reinkarnationstherapie bis heute nicht der Platz eingeräumt wird, der ihr zusteht. Der Reinkarnationstherapie gebührt ein Platz in jeder ernsthaften Psychotherapie, die sich bemüht, Persönlichkeitsmuster verstehbar zu machen und zu lösen. Ein Platz in jeder Paartherapie, die partnerschaftlichen Konflikten auf den Grund gehen will. Und auf alle Fälle ein Platz in jeder Methode, die sich der Persönlichkeitsentwicklung verschreibt, denn ohne Inkarnationsarbeit kann niemand ganz zu sich kommen.

Dafür sind sowohl die lösenden, befreienden Aspekte der Inkarnationsarbeit wie auch die vielen aufbauenden Faktoren, die dem Menschen ermöglichen, sich selbst zu verstehen und ihm das eigene Wesen nahebringen, nötig. Mit der Reinkarnationstherapie erreicht man den Grund und Boden, auf dem alle aktuellen Erlebens- und Verhaltensweisen fußen. Will man eine Erlebens- und Verhaltensweise bis in ihren Ursprung lösen oder ändern, muss man in die Inkarnationsarbeit eintauchen.

Die Praxis: Manchmal ist sie banal.
Ich arbeitete kürzlich mit einer Frau, die von ihren Partnerschaften enttäuscht war. Immer wieder geriet sie an Männer, die sie als schwach und hilfebedürftig erlebte. Sie wollte aus diesem Muster heraus, endlich einen starken, ihr adäquaten Mann kennenlernen, doch es gelang ihr nicht. Immer wieder entwickelten sich dieselben Strukturen. Sie wollte wissen, worin ihr offensichtlicher Hang zu diesen Beziehungsstrukturen bestand.
In der Rückführung lernte sie die Inkarnation einer Frau kennen, die die älteste Schwester eines Haufens jüngerer Brüder war. Sie war von der Mutter, die voll auf dem elterlichen Hof arbeitete, mit der Aufsicht über ihre Brüder betreut worden. Es war eine Aufgabe, die sie sehr gerne übernahm,

denn sie liebte ihre Brüder und fühlte sich im Umgang mit ihnen stark und gut. Ein bisschen wie eine Erwachsene, der eine wichtige Tätigkeit in die Hände gelegt war. Sie war stolz auf sich und erntete Anerkennung von ihrer Familie.
Die Inkarnationssituation war durch und durch positiv belegt und so versuchte meine Rückführungsteilnehmerin unbewusst, dieselbe Struktur immer wieder für sich herzustellen, in dem sie Männer anzog, denen Sie eine mütterliche ältere Schwester sein konnte und nicht eine gleich starke Partnerin. Ihr Bestreben war, einen ebenso schönen Kontakt mit den Partnern zu erreichen, wie sie ihn mit ihren Brüdern gehabt hatte, doch leider funktionierte es nicht, denn ein partnerschaftliches Verhältnis ist nun mal kein geschwisterliches.
Als ihr die Anbindung an die damalige Situation klar wurde, konnte sie die unglückliche Verkettung zwischen ihren jetzigen Partnerschaften und ihren damaligen Brüdern lösen und andere Männer in ihr Leben lassen.

Hier spielt kein Trauma eine Rolle, sondern vielmehr ein überaus positiv erlebtes Ereignis. Unsere Erfahrung ist, dass diese positiven Anbindungen an Inkarnationen für die meisten Menschen eine viel größere Bedeutung haben als die traumatischen. Sie sind mit der Erfahrung von etwas Schönem verbunden und damit per se erstrebenswert, auch wenn man heute nicht mehr weiß, warum.

An dieses Beispiel könnte ich viele weitere anschließen und vielleicht fragt sich der eine oder die andere, warum man sich denn überhaupt mit dem Positiven befassen sollte. Die

Antwort ist eigentlich schon gegeben: Weil sie das Handeln und Tun einschränken und so verhindern, dass ich mein Leben den heutigen Bedingungen gemäß gestalte. Unabhängig davon, was ich einmal erlebt habe.
Selbiges gilt natürlich für negative Anbindungen. Unter ihnen leiden Betroffene mehr und daher ist das Bedürfnis, sie zu verstehen und zu lösen, größer.

DIE SCHUTZFUNKTION DER PSYCHE

In den rund 40 Jahren Rückführungspraxis kam es bei uns nie zu der Situation, dass ein/e Teilnehmer/in von den erlebten Ereignissen „überrollt" wurde und sie nicht verarbeiten konnte. Dies liegt zum einen an unserer Begleitung, in der wir darauf achten, einen Erinnerungsprozess so anzuleiten, dass er gut dosiert wird. Wir machen Pausen, achten auf die Reaktionen und bremsen, wenn wir sehen, dass starke Emotionen im Spiel sind.

Es gibt jedoch noch einen anderen Faktor, der ein „Überrollen" verhindert, das ist die natürliche Schutzfunktion der Psyche. Sie setzt ein, wenn wir uns der Erinnerung an schwerwiegende, belastende Ereignisse näher.
Sie kommen nicht einfach über uns, unsere Psyche schützt uns sehr gut vor einer Überforderung.
Wir respektieren den gesunden Selbstschutz.

Und so ist es ohne Ausnahme der Fall, dass nur das ins Gedächtnis kommt, was ein Mensch auch verarbeiten kann. Hierzu trägt in unserer Arbeit bei, dass wir Rückführungen vollkommen ohne Hypnose oder Trance machen. Der Rückgeführte ist während des gesamten Vorgangs bei vollem Bewusstsein, behält die Kontrolle über seine Erinnerungen und kann sich selbst steuern.

Sie brauchen wirklich keine Angst vor einer Rückführung zu haben. Zum einen begegnen Ihnen in 90% der Erinnerungen sehr alltägliche und lebenspraktische Dinge, denn auch in der Vergangenheit bestanden die meisten Leben aus: geboren werden, wachsen, Eltern und Geschwister haben, essen, trinken, arbeiten, Kinder bekommen oder nicht, noch mehr arbeiten und sterben.

Und die schweren Ereignisse, die es natürlich auch in jedem Leben gab und gibt, kommen nicht mit Gewalt auf Sie zu. Sie nähern sich ihnen in einer Rückführung langsam, so dass Sie die Erinnerung jederzeit unterbrechen können und jederzeit Herr oder Frau des Geschehens bleiben.

DAS ZEIGT SICH BEIM ÜBERBLICK ÜBER VIELE LEBEN...

In einer kontinuierlichen Auseinandersetzung, in der man sich nicht nur ein, zwei oder drei Inkarnationen heranholt, sondern sich systematisch die gesamte „eigene“ Inkarnationsreihe heranholt und auch die Reihen anderen Menschen betrachtet, werden folgende Dinge deutlich:
Es gibt Erinnerungen an mindesten 40 bis 60 Inkarnationen dieser Art. Die Erinnerungen beginnen meist ca. im 7./6./5. Jahrhundert vor unserer Zeitrechnung (vor Chr.).

Sie sind, je weiter man zurückgeht, undeutlicher, schemenhafter und werden, je mehr wir zeitlich in Richtung des jetzigen Lebens kommen, deutlicher / klarer. Es scheint auch so zu sein, dass die Inkarnationen, je mehr wir in die Neuzeit kommen, dichter werden und schneller aufeinander folgen. Zu Beginn/nach der Ersten Inkarnation, ist mehr Zeit zwischen dem Tod in einer Inkarnation und dem Beginn einer neuen. Zum jetzigen Leben hin ist die Zeit zwischen den Leben kürzer. Sie kann grundsätzlich mehrere Jahrzehnte betragen oder auch nur einige Tage.

Bei den meisten Rückführungsteilnehmern liegt eine Konzentration der Inkarnationen in einem Kulturraum vor, sprich, sie spielen sich schwerpunktmäßig in der westlichen Kultur oder in der asiatischen, der indianischen oder afrikanischen ab. Da wir hier in der westlichen Kultur zu Hause sind, haben wir es vor allem mit Rückführungen von Menschen der westlichen Kultur (die ursprünglich vom Zweistromland über Südrussland und Nordostafrika und später bis nach Europa reichte) zu tun. Der Kulturraum wird nur gelegentlich verlassen. Meist fühlt der Mensch eines Kulturraums sich in einem anderen Kulturraum fremd.

Das können wir auch beobachten, wenn wir Menschen bei Rückführungen begleiten, die ursprünglich in einem anderen Kulturraum „zuhause" sind, jetzt jedoch in der westlichen Kultur leben. Wir kennen z.B. eine Frau, deren Erste Inkarnation ebenso wie die meisten folgenden, sich schwerpunktmäßig in einer indianischen Kultur befand. Diese Frau fühlte sich existentiell unwohl, unglücklich, fremd in ihrem jetzigen Leben und fand erst Ruhe, als sie in ein Haus im Wald (in Deutschland) zog und fortan in direktem Kontakt mit der Natur und mit dem Wald lebte.

Auch was die Geschlechtlichkeit anbelangt haben Menschen Schwerpunkte. Es gibt jene, die schwerpunktmäßig weibliche Inkarnationen haben, jene, die eher männlich sind und auch solche, bei denen sich das Geschlecht regelmäßig wandelt, die in beiden Geschlechtern zuhause sind. Ausschlaggebend scheint dafür zu sein, welches Geschlecht in der Ersten Inkarnation eines Menschen vorrangig war.

Eine Vermischung von Menscheninkarnationen und tierischen, wie sie in der buddhistischen und hinduistischen Lehre vertreten wird, haben wir nicht gefunden. Bei solchen Aussagen scheint es sich eher um ein Dogma als um eine in Rückführungen erlangte Beobachtung zu handeln.

Ein anderes Dogma, das sich auch nicht wiederfindet, ist der Karmagedanke, von einigen Befürwortern auch die Karmischen Gesetze genannt. Wir finden einfach keine Inkarnationen, die nach der Devise funktionieren: „Du musst heute das erleben und erleiden, was du anderen angetan hast", um eine oft vertretene Vorstellung zu nennen.
Wir finden auch nicht, dass es einen Plan gibt, nach dem ein Mensch vorgegebene Erfahrungen durchlaufen muss, um seine menschliche Entwicklung zu vervollkommnen. All das zeigt sich nicht, wenn man Überblick über die Kontinuität von Inkarnationen in einem Menschen bekommt.

Diese Dogmen gehen davon aus, dass Inkarnationen von außen, von einer höheren, steuernden Macht, von einer übergeordneten Institution (vielleicht göttlichen Ursprungs?) initiiert werden.

In unserer ganzen mehr als 40-jährigen Auseinandersetzung mit Rückführungen hat sich etwas anderes gezeigt. Etwas viel Interessanteres, wie wir meinen: Die Abfolge der Inkarnationen geschieht in Folge des menschlichen Willens.

Jede menschliche/psychische Inkarnation (zumindest die, die wir kennengelernt haben) ist die Folge der Entscheidung einer Energie, eines Wesens, eines Menschen zu einem Leben. Jede Inkarnation wird aus einem bewussten Willen heraus angesteuert. Die inkarnierende Energie/Wesen/Mensch entscheidet, welches zukünftige Leben sie/es/er anstrebt, wo, wie und wann sie/es/er inkarniert.

Dabei spielen unterschiedliche Faktoren eine Rolle: Ein Vorhaben, welches realisiert werden will; der Wunsch sich selbst ganz zu erfüllen; Menschen die getroffen werden möchten; Orte an denen man sich wohl fühlt; gesellschaftliche, klimatische, politische Bedingungen die für die Realisation einer Idee, eines Vorhabens, eines Wollens, eines Projektes als zuträglich erkannt werden, etc., pp.

Die Absichten lassen sich an Hand von Erinnerungen aus vorhergehenden Leben oder Erinnerungen an die Zeit kurz vor dem Eintritt in das jetzige Leben verifizieren.

Am Anfang eines menschlichen Lebens, ebenso wie in den Impulsen für aufeinander folgende Inkarnationen finden wir immer nur den Menschen selbst und niemanden anders. Kein sogenanntes ordnendes Prinzip, keine höhere Macht.

Das bedeutet nicht, dass wir immer dieselbe Gestalt oder dieselben Tätigkeiten und Lebensbedingungen vorfinden. Dies alles wandelt sich von Inkarnation zu Inkarnation. Mal ist es ein bäuerliches Dasein, mal das eines Reisenden oder eines Handwerkers, vielleicht das eines Künstlers, mal sind da Familie und Kinder, mal lebt der Mensch allein. Es können auch Inkarnationen dazwischenliegen, die den Sprung in das historische Menschengedächtnis geschafft haben, weil sie Rang und Namen hatten oder etwas Großes und Bekanntes auf die Beine stellten.

In der Lebensgestaltung spielen vor allem die Bedingungen der jeweiligen Epoche eine große Rolle. Und was erstaunen mag: Man stellt fest, dass die Menschen der Inkarnationen am Beginn der Reihe, also in der Frühzeit oder im Altertum, in keiner Weise dümmer, unfähiger oder einfältiger waren, als wir es heute sind. Ihr Denken, Fühlen, Wollen und Streben war genauso ausgeprägt wie das der heute lebenden Menschen. Sie hatten es „damals" mit denselben Problemen zu tun wie wir: Essen, Trinken, (Über)Leben, Gesundheit, Miteinander, Partnerschaft.

Und noch etwas fällt auf: In der Abfolge der psychischen Inkarnationen, mit denen ein Mensch es zu tun hat, tauchen immer wieder dieselben persönlichen Themen und Färbungen auf. Man kann sagen, jede Inkarnationsreihe - und damit jeder Mensch - hat ein ganz bestimmtes, eigenes Flair.

Bei dem einen zieht sich durch alle Inkarnationen die Auseinandersetzung mit Religiosität, mit dem Glauben, mit der Suche nach Gott und nach einem höheren Sinn des Lebens. Dieser Themenkomplex findet sich immer wieder in verschiedenen Formen und mit unterschiedlichen Facetten.

Es gibt andere, die haben es stets mit extrem kreativen und schaffenden Inkarnationen zu tun. Mal zeigt sich das Schaffensprinzip als Schreibender, mal als Künstler, mal als Politiker, mal als Lehrer, mal als extremer Lebenskünstler und mal als...

Oder das Soziale steht im Mittelpunkt aller Inkarnationen der Inkarnationsreihe. Als zentrale Person einer Dorfgemeinschaft, als Retter/in eines Flüchtlingstrecks, als Gründer/in einer sozialen Organisation etc.

Jede Inkarnationsreihe hat einen anderen individuellen Schwerpunkt, jede einen einzigartigen „Geruch", der mit grundlegenden, sich stets wiederholenden Lebensthemen einhergeht. Taucht man hier ein und erspürt die Zusammenhänge, stellt man fest, dass die Lebensthemen über Inkarnationen hinweg gleichbleiben.

Dieses nahezu gleichbleibende Flair hat seinen Ursprung in der Funktion und Tätigkeit und zusätzlich in der Art und Weise des Herausfalls aus der Ersten Inkarnation. Nur die

Äußerlichkeiten ändern sich. In unserem Buch „Der ewige Mensch“ (ISBN: 978-3-939578-54-3) widmen wir uns ausführlich dieser Tatsache und bringen eine Reihe von Beispielen, die sich damit auseinandersetzen. Hier ist eines:

Ein jetzt 55 Jahre alter Mann, der sich seit Jahren mit Rückführungen befasst, stellt fest, dass in seinen Inkarnationen immer wieder die Themen Alleinsein und Loyalität eine Rolle spielen. Es sieht „sich“ stets alleinstehend (wenn er eine Frau hat, spielt sie keine große Rolle) und in einem Konflikt mit den Normen der Gesellschaft. Das können in dem einen Leben die Erwartungen einer Dorfgemeinschaft sein, die Mithilfe von ihm erwartet; in einem anderen ein Streit um Zölle und Steuern, welche er zu umgehen versucht; oder es ist ein Konflikt in der Familie, die von ihm Dinge erwartet, die er nicht leisten will.
Er bringt es folgendermaßen auf den Punkt: „In allen diesen Inkarnationen wollte ich meine Ruhe haben, in Ruhe gelassen werden und hatte zugleich immer das Gefühl, die anderen erwarten etwas von mir, das ich ihnen nicht zugestehe. Ich habe eine menschliche Gemeinschaft nie als Bereicherung erlebt. Diese Struktur kenne ich bis zum heutigen Tag. Ich bin erschüttert. Es scheint, als würde dieser Konflikt ganz ursprünglich zu mir gehören.“
Was wohl auch der Fall ist, denn der Ursprung des Konflikts ist in einem Dorfleben und seiner Eigenmächtigkeit in der Ersten Inkarnation zu finden.

Nimmt man die Inkarnationen, mit denen eine Person es zu tun hat, als einen Ausdruck von Kontinuität über Jahrhunderte hinweg, dann erkennt man, dass es in ihnen keinen wirklichen Fortschritt und keine innere Entwicklung gab. Immer wieder tauchen dieselben Fragen und Konflikte in einem neuen Gewand auf und finden keine Lösung.

Das mag erstaunen, denn Reinkarnation wird oftmals als eine individuelle Entwicklungsgeschichte dargestellt. Diese Aussagen gehören jedoch unserer Erfahrung nach zu den „erglaubten" Dogmen über Reinkarnation, die kaum je überprüft wurden, da es bisher keine gründliche, kontinuierliche Erinnerungsarbeit bis an den Anfang der Existenz gab.
Diese geschieht erst mit unserer Reinkarnationstherapie und daher stehen die Ergebnisse unserer Auseinandersetzung vielen beliebten und geliebten Annahmen über Reinkarnation entgegen.
Reinkarnation war in religiös denkenden Kreisen akzeptiert, da sie mit einer menschlichen Entwicklung „zum Besseren" verbunden wurde. Es wurde postuliert, der Mensch käme roh und ungeschliffen ins Leben und vollende im Laufe seiner Leben mit der Vielzahl der gemachten Erfahrungen seine moralische und charakterliche Entwicklung. So schien Reinkarnation einen Sinn zu machen. Und nun?

WELCHEN SINN HABEN INKARNATIONEN?

Wenn die vielen psychischen Inkarnationen scheinbar gar nicht zur Entwicklung eines Menschen beitragen, was soll das Ganze denn dann? Muss ein Mensch vielleicht gar nicht über Jahrhunderte hinweg reifen? (Ein guter Wein schafft es doch auch in ein paar Jahren - Scherz). Geht es vielleicht um die pure Lust am Leben? Oder ist es eine unverantwortliche und dumme Spielerei, die nur auf Grund von Dumpfheit und Nichtwissen passiert? Ist es Willkür oder nur eine Laune der Natur unseres Gehirns, das Inkarnationen vorgaukelt?

Ich biete Ihnen eine Antwort an, überprüfen Sie, was Sie von ihr halten und ob sie Ihnen gefällt. Sie stammt - wie alles was ich hier vertrete - aus unzähligen Rückführungserfahrungen, die mein Mann und ich gesammelt haben.

Der Mensch ist von Anfang an vollkommen.
Er war und ist von Beginn seiner allerersten Existenz an vollständig.
Er braucht keinen Weg durch die Inkarnationen, um sich zu entwickeln. Er ist weder unwissend noch voller schlechter Eigenschaften, die er sich abgewöhnen muss. Dies sind unserer Erfahrung nach Behauptungen von Dogmatikern, die unter diesen Prämissen eine ganz bestimmte Moral und ganz bestimmte Normen und Werte durchsetzen wollen.
Mensch braucht das nicht.
Doch er erkennt seine Vollkommenheit nicht.

Oder er erkennt sie nicht an. Er will mehr, manchmal auch weniger, zum Beispiel weniger Verantwortung für sein Leben, er ist mit seinen Lebensbedingungen nicht einverstanden, möchte einen besseren Job, mehr Anerkennung, mehr Milch und Honig. Schöner sein, es besser haben, mehr leisten, Perfektion, 500.000 auf dem Konto oder schlicht es einfacher haben. Er nimmt sich und das Leben nicht so an, wie es ist.

Man kann auch sagen, mensch ist sich seiner Vollkommenheit nicht bewusst, weil er/sie extrem mit den „Verbesserungen", die er/sie für das Leben möchte, beschäftigt ist.

Aus diesem Nichtannehmen entsteht der Ablauf der menschlichen Inkarnationen, mit denen wir es bis heute zu tun haben. Die Nichtanerkennung der Realität, die damit verbunden ist, führt zur Auslagerung von Lebenskraft.
Mensch weigert sich, Lebenstatsachen zu erleben, weil er sie für unangenehm oder schwierig erachtet oder sich ihnen aus anderen Gründen heraus nicht stellt. Er/sie setzt sich nicht mit Haut und Haar für die Vollendung seiner Lebensvision, seines Lebenssinns ein, bleibt in den Grenzen gesellschaftlicher Normen und individueller Schwächen stecken. Und am Ende eines Lebens - das haben wir wiederum in vielen Rückführungen rund um den Todeszeitpunkt herausgefunden - ist selten jemand mit sich und dem Vergangenen/Erreichten zufrieden.
Immer steht auf dem Grabstein ein: „Zuwenig!" oder „Zuviel", „Hätte besser sein sollen", „Nein, so nicht", „Nächste Mal aber richtig" o.ä.

Von Inkarnation zu Inkarnation wird dieser Zustand nicht besser. Denn mit jeder neuen Inkarnation entstehen neue unbewusste und unerledigte Strukturen, an die wir gebunden sind. Dabei haben wir in jedem Leben, in jeder dieser Inkarnationen die Chance zur Bewusstheit der Vollkommenheit.
Mensch könnte in jeder Inkarnation Ernst machen, sich voll einsetzen und das Leben „rund" machen, ganz gleich welche Bedingungen vorherrschen. Doch kaum jemand tut es. Täte mensch es, würde er oder sie – so wie es in ernsthaften spirituellen Traditionen geschrieben steht – sterben. Das heißt, er würde sich, seine eigensinnigen Ideen und Vorstellungen vom Leben aufgeben und ganz da sein.

Unsere Inkarnationsarbeit ist eine Hilfestellung für dieses Ziel.

Vielleicht ist der Mechanismus, sich selbst und das eigene Leben unvollkommen zu lassen, ein Trick, damit es einen Grund für ein nächstes Leben gibt. Gewiss ist es der Motor, der das Rad der Wiedergeburt am Laufen hält und die Behauptung, wir müssen „reifen", um uns zu erfüllen, eine gute Ausrede dafür. Ich halte es durchaus für möglich. Nur schade, dass es um den Preis der Unzufriedenheit, des Leids, neuer Anbindungen und des Unglücks mit sich und dem Leben geschieht.

Den Kreislauf der Wiedergeburt kann man verlassen, wenn man Bewusstsein über die Mechanismen des Lebens und der Inkarnationen bekommt, die Anbindungen daran löst, ja zu sich und dem Leben sagt und nichts mehr offenlässt. Das bedeutet, sich aus allen Niggeligkeiten (das ist die Kurzform für Anbindungen und Beschränkungen, die aus Inkarnationen resultieren) zu lösen und das Leben ganz anzunehmen. Es braucht dafür, zu allem Ja zu sagen. Es erfordert, alles zu erschaffen, was mensch schaffen will, ohne Bedingungen an das Leben zu stellen. Der Lohn ist, ganz ins Jetzt, in die Realität zu kommen. Man kann es bedingungsloses oder unbedingtes Dasein, Bewusstheit, Präsenz nennen, gleich wie man möchte, Hauptsache ist, der Mensch kommt an.

Das ist der Weg unserer Inkarnationsarbeit, diesen Weg möchten wir Ihnen nahelegen und wenn Sie mögen, begleiten wir Sie ein Stück.

UND DIE ZUKUNFT? WELCHE LEBEN (INKARNATIONEN) KOMMEN NOCH?

Viele Menschen, die sich fragen, wie viele Leben ein Mensch hat, interessieren sich dafür, ob es nach diesem Leben noch weitere geben wird. Sie möchten mehr Leben, noch eine Chance haben oder sie fürchten sich vor dem Sterben und der Unausweichlichkeit des Todes. Die meisten Menschen möchten insgeheim durch die Inkarnationsarbeit den Beweis bekommen, dass sie gut und unsterblich sind. Und: Sehr viele Menschen suchen den Beweis dafür, dass sie eine Zukunft haben.
Ehrlicherweise kann man diese Frage nicht beantworten, denn wie schon an anderer Stelle betont, Inkarnationserinnerungen sind kein Beweis dafür, dass es Wiedergeburt gibt. Sie können allerhöchsten als ein Indiz dafür genommen werden. Verlassen würde ich mich nicht darauf, sondern mich dafür einsetzen, dieses Leben zu vollenden und zu dem zu machen, zu dem mensch voll und ganz JA sagen kann.

Nimmt man jedoch die Dynamik und die Gesetzmäßigkeiten, die in zahlreichen Rückführungen und Erinnerungen sichtbar werden, kann man Prinzipien erkennen, nach denen zukünftige Inkarnationen wahrscheinlich sind.
Denn, steigt ein Mensch nicht ganz bewusst aus dem Rad der Wiedergeburt aus, wird es sich weiterdrehen und zukünftige Inkarnationen hervorbringen.
So erscheint es.

Wir gehen davon aus, dass zukünftige Inkarnationen / Leben durch Auslagerungen im jetzigen Leben hervorgerufen werden. Auch sie zählen zu dem, was uns heute anhaftet. Sie entstehen, wenn ein Mensch in seinem Leben etwas absolut nicht haben will, sich einer Sache verweigert, die grundsätzlich zu ihm gehören würde und sie so in die Zukunft - das nächste Leben - verschiebt. Und sie entstehen, wenn ein Mensch etwas auf jeden Fall haben will, dieses Wollen jedoch im jetzigen Leben nicht realisiert und es so als ein ständiger Stachel den Impuls für ein nächstes Leben gibt.

Beispiele: Ich lehne es ab, Abteilungsleiterin zu werden, trotzdem es zu meiner Kraft und meinem Wesen gehören würde. Ich lagere damit Lebenskraft aus, was unzufrieden macht.
Oder: Ich möchte unbedingt sehr viel Geld verdienen, habe so etwas wie eine Gier danach. Ich schaffe es jedoch weder, mich von dem Wunsch zu lösen und mit dem zufrieden zu sein, was ich erreiche, noch so viel Geld zu verdienen, wie mir vorschwebt, um zufrieden zu sein.
Was geschieht? Sowohl die nicht erfüllte Lebenskraft wie der unerfüllte Lebenswunsch sind Initiatoren für ein nächstes Leben. Auch das ist JETZT!
Und damit bin ich zum Schluss bei dem zentralen Thema der Inkarnationsarbeit angelangt!
Inkarnationen sind immer jetzt! Es ist sachlich falsch, sie in einer grafisch, zeitlich aufeinander folgenden Auflistung darzustellen. Das spiegelt lediglich unsere allgemein menschliche Erinnerungsstruktur wieder.
Das nebenstehende Bild stellt die Situation unserer Inkarna-

tionen viel besser dar. Alles ist jetzt, alles ist gleichzeitig in uns aktiv, die Vergangenheit ebenso wie das potenziell Zukünftige. Alles ist jetzt, wie diese Grafik auch jetzt ist.

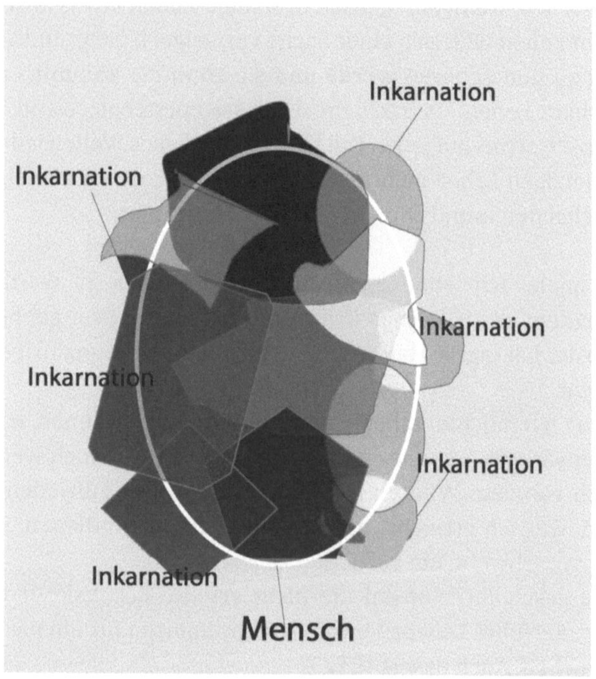

Alles prägt uns und führt zu einem Leben, das nicht voll und ganz im Jetzt sein kann, denn es ist von Ereignissen, die zu unbewussten Mustern geworden sind, beeinflusst, über die wir – so lange wir sie uns nicht bewusst machen – keine Kontrolle haben.

Bekommt man die Kontrolle und löst die Anbindungen, kann der Mensch ganz zu der/dem werden, die und der sie/er heute ist.
Er kann ganz werden, vollständig werden und vollständig bewusst werden.
Dann blickt mensch auf die Fülle des eigenen Seins und weiß:
Ich war immer schon da, ich werde immer sein.
Ich bin unendlich.

AUTORIN / KONTAKT

Frauke Teschler
Frauke und Wilfried Teschler GbR
Wilhelmshofallee 77
47800 Krefeld

Fon: 02151 9490009
Mail: mail@teschler.info
http://reinkarnation-pastlife-wiedergeburt.de
http://reinkarnationstherapie-online.de

BERATUNG / RÜCKFÜHRUNG

Interessieren Sie sich für eine Rückführung oder möchten Sie uns kennenlernen und Ihre Fragen besprechen? Dafür gibt es unser kostenloses Beratungsgespräch.

Eine erste Rückführung dauert in der Regel 1,5 Stunden und kann sowohl in unseren Räumen als auch als Videokonferenz durchgeführt werden. Letzteres ist seit Jahren erprobt und für jene Interessenten sehr sinnvoll, für die eine Anreise zu aufwendig ist.

Sprechen Sie uns an und vereinbaren Sie einen Beratungstermin!

WEITERE BÜCHER UND TEXTE ZUR REINKARNATIONSTHERAPIE

Wir Frauke und Wilfried Teschler haben weitere Bücher zur Reinkarnationstherapie herausgebracht. Als Einführung empfehlen wir:

Der ewige Mensch – Reinkarnation aus neuer Sicht
Ein Buch voller Geschichten rund um die Frage der Reinkarnation, der Wiedergeburt und ihrer Bedeutung für unser heutiges Leben. Der Leser lernt anhand von Beispielen aus der Reinkarnationstherapie, verschiedene Arten von Inkarnationen kennen und die Auswirkungen für das jetzige Leben nachzuvollziehen.
ISBN: 978-3-939578-54-3
Taschenbuch 11,80€ E-Book: 5,80€

Materialien zur Inkarnationsforschung & Reinkarnationstherapie
Der Gedanke der Reinkarnation fasziniert Menschen seit Jahrtausenden. Auch in unserer Gesellschaft nimmt das Interesse an ihm mehr und mehr zu, doch welche Fragen/Themen können in der Auseinandersetzung mit vergangenen Leben beantwortet werden und welche nicht?
E-Book: 3,50€

Kriegserlebnisse überwinden
Kriegerische, gewalttätige Ereignisse hinterlassen langanhaltende Spuren, die jeden Waffenstillstand und selbst Generationswechsel überdauern. Es sind Spuren, die in der Landschaft, dem Lebensgefühl einer Region, den Gebäuden

bis heute vorhanden sind, und es sind Spuren aus Kriegserlebnissen in eigenen vergangenen Leben. In diesem Buch finden Sie Berichte, die davon Zeugnis ablegen.
E-Book: 4,80€

Und ein Buch zu einem besonderen, der Reinkarnationstherapie assoziierten Thema:

Epigenetik trifft jeden - geerbte Probleme lösen
Die gute Nachricht der Epigenetik ist: Wir können unser Erbgut ändern, wir sind einer erblichen Belastung nicht ausgeliefert. Das ist eine wunderbare Errungenschaft, die die Autoren anhand der Auseinandersetzung mit epigenetischen Inkarnationen erstmalig vorstellen.
E-Book: 5,80€